LEBENSRÄUME DER ERDE

Eine atemberaubende Reise durch die Savannen, Meere und Wälder unseres Planeten

Text
John Woodward

DK Penguin Random House

Lektorat Michelle Crane,
Francesca Baines, Andrew Macintyre,
Liz Wheeler, Jonathan Metcalf, Binta Jallow
Gestaltung und Bildredaktion
Philip Letsu, Karen Self, Katy Jakeway, Kit Lane
Umschlaggestaltung Stephanie Cheng Hui Tan,
Sophia MTT
Herstellung Poppy David, Jacqueline Street-Elkayam
Illustrationen Sofian Moumene, Andrew Beckett
(Illustration X), Peter Bull, Barry Croucher
(The Art Agency), Chris@KJA, SJC Illustration
Fachliche Beratung Dr Nick Crumpton

Für die deutsche Ausgabe:
Verlagsleitung Monika Schlitzer
Programmleitung Heike Faßbender
Redaktionsleitung Martina Glöde
Projektbetreuung Cornelia Sippli
Herstellungsleitung Dorothee Whittaker
Herstellungskoordination Katharina Schäfer
Herstellung Claudia Bürgers

Titel der englischen Originalausgabe:
Habitats of the world

Übersetzung Michael Kokoscha

ISBN 978-3-8310-4764-2

Printed in China by
Foshan Nanhai Xingfa Printing Co. Ltd

MIX
Papier | Fördert gute Waldnutzung
FSC www.fsc.org FSC® C018179

www.dk-verlag.de

INHALT

Biome der Welt

Lebensräume, die große Gebiete umfassen, nennt man Biome. Auf dem Festland wird jedes Biom durch Geografie, Klima und Vegetation bestimmt. Diese Karte zeigt die weltweite Verteilung der wichtigsten Biome sowie einige Beispiele.

Eis
Die Oberfläche der Polarmeere gefriert im Winter, doch unter dem Eis wimmelt das planktonreiche Wasser von Leben.

Borealer Nadelwald
Ein Gürtel immergrüner, vor allem aus Nadelbäumen bestehender Wälder umgibt die Arktis im hohen Norden.

Wüste
Mit Ausnahme der lebensfeindlichsten Gebiete werden auch Wüsten von angepassten Tieren und Pflanzen bewohnt.

Gebirge
Hochgebirge wie die Anden haben karge Gipfel, aber reichere Lebensräume an den unteren Hängen.

LEGENDE

- Eis
- Tundra
- Borealer Nadelwald
- Sommergrüner Laubwald
- Gemäßigter Regenwald
- Gemäßigtes Grasland
- Wüste
- Trockenbuschland
- Tropisches Grasland
- Tropischer Regenwald
- Gebirge
- Feuchtgebiet
- Süßgewässer
- Mangroven
- Korallenriff

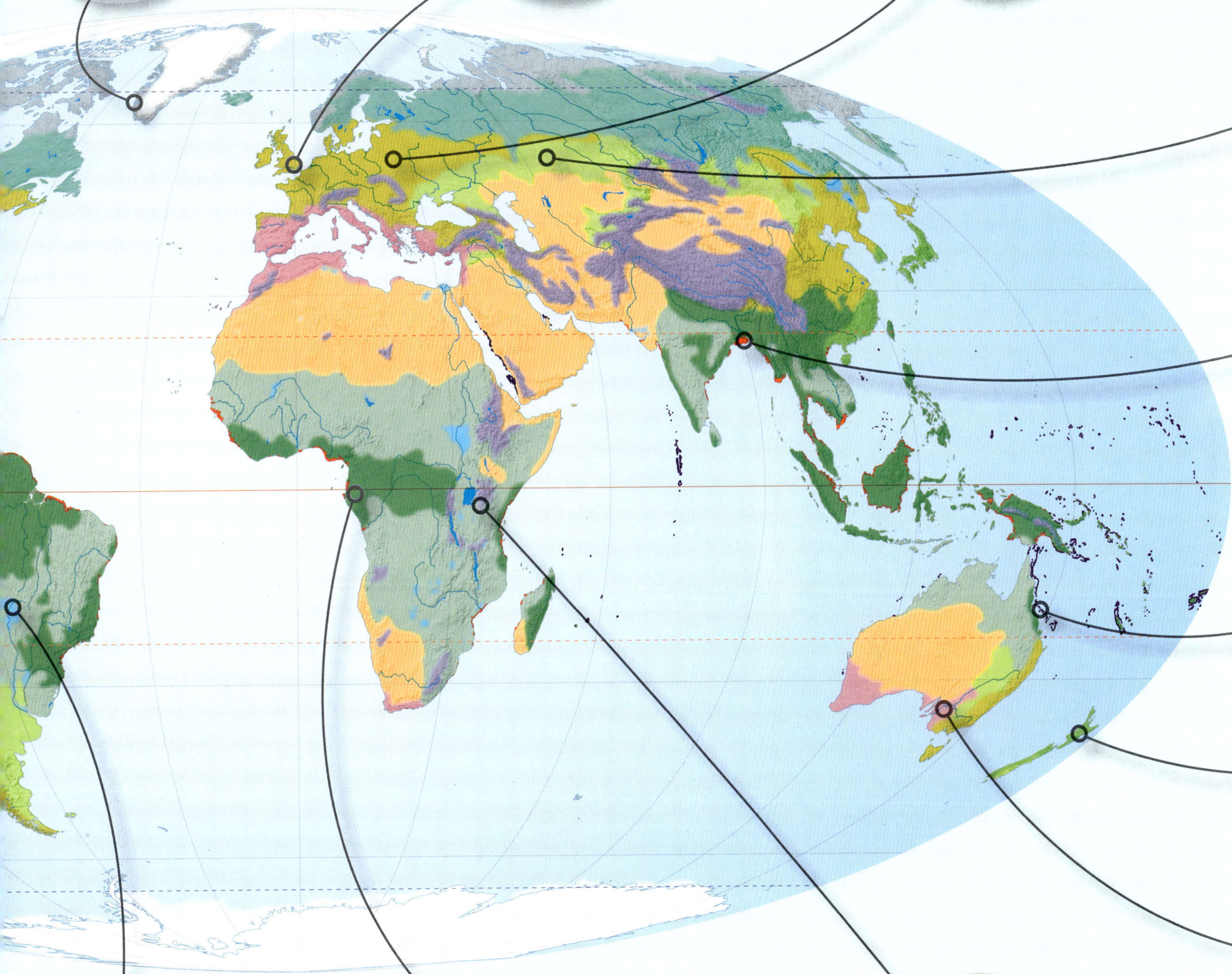

Tundra
Im Winter ist die an das Polareis grenzende Tundra vereist und karg, doch im Frühjahr ist sie ein Blütenmeer.

Süßgewässer
Auf der ganzen Welt sind nicht verschmutzte Bäche, Flüsse und Seen die Heimat vielfältigen Lebens.

Sommergrüner Laubwald
In kühleren Regionen verlieren viele Bäume ihr Laub im Winter und bekommen im Frühjahr neue Blätter.

Gemäßigtes Grasland
Regionen mit kalten Wintern und heißen, trockenen Sommern wie die asiatischen Steppen sind von Natur aus Grasländer.

Mangroven
Mangrovensümpfe findet man an geschützten schlammigen Küsten in den gesamten Tropen.

Korallenriff
In seichten tropischen Meeren bauen Korallen – Verwandte der Seeanemonen – Riffe, die Heimat für eine Fülle von Leben sind.

Gemäßigter Regenwald
Feuchte, milde Gebiete mit frostfreien Wintern, oft Küstengebiete, bilden die Grundlage gemäßigter Regenwälder.

Trockenbuschland
Land, das fast trocken genug ist, um zur Wüste zu werden, beherbergt Pflanzen, die ohne Niederschläge auskommen.

Feuchtgebiet
Sümpfe und Feuchtgebiete wie der südamerikanische Pantanal bieten einer großen Tierwelt Nahrung und Schutz.

Tropischer Regenwald
In Äquatornähe fördern starke Regenfälle das Wachstum der Wälder, die zu den reichsten Lebensräumen gehören.

Tropisches Grasland
Tropische Regionen mit langen Trockenzeiten werden zu Grasländern. In Afrika nennt man sie Savannen.

Der *Pazifische Buckelkopf-Papageifisch* zerbeißt Korallen mit seinen schnabelartigen Zähnen, um an ihr Gewebe und ihren Algenbewuchs zu kommen.

Der Papageifisch wird von *Putzer-Lippfischen* begleitet, die Parasiten und abgestorbene Hautstückchen von seinem Körper und den Kiemen absuchen.

Die *Anemonenfische* sind gegen die giftigen Nesselzellen der Seeanemonen-Tentakel immun, sodass sie sich zwischen ihnen vor größeren Fischen verstecken können.

Der mit keulenartigen Vordergliedmaßen bewaffnete *Fangschreckenkrebs* zertrümmert die Schalen von Muscheln und Krebsen und frisst ihr Fleisch.

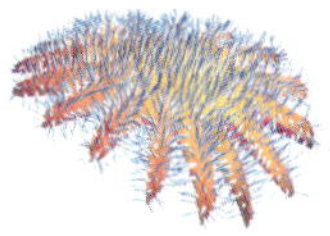

Der *Dornenkronen-Seestern* frisst Korallen und lässt nackte Riffflächen zurück. Er selbst wird wiederum vom Tritonshorn gefressen.

Die *Eierfressende Seeschlange* schwimmt mithilfe ihres abgeplatteten Schwanzes durch das Riff und sucht in den Korallen nach Fischlaich.

Der im tieferen Wasser zwischen den Korallen patrouillierende *Schwarzspitzen-Riffhai* frisst Fische, Tintenfische und andere Tiere, die er fangen kann.

KORALLENRIFF

Great Barrier Reef, Australien

Das Great Barrier Reef erstreckt sich über 2300 km entlang der Nordostküste Australiens und ist das größte Korallenriff der Welt. Es wurde über Tausende von Jahren von Millionen lebender Korallen aufgebaut. Wie ihre Verwandten, die Seeanemonen, besitzen auch sie ein Kalkskelett. Das sonnenbeschienene Riff bietet Lebensraum für eine Vielfalt an bunten Korallenfischen und anderen Tieren.

Hirnkorallen bestehen aus vielen zusammenlebenden Tieren. Mikroskopisch kleine Algen in ihrem Gewebe wandeln das Sonnenlicht in Energie um und ernähren so die Koralle.

Die in einer Riffspalte wachsende *Riesen-Riffmuschel* kann über 100 Jahre alt werden und die enorme Größe von 120 cm erreichen.

Der nach den leuchtend blauen Ringen auf seiner Haut benannte *Blauring-Oktopus* kann mit seinem Giftbiss sogar einen Menschen töten.

Die schlammigen, durch die Mangroven verlaufenden Bäche bilden ein perfektes Jagdrevier für das gewaltige *Leistenkrokodil*.

Der *Silberklaffschnabel* ernährt sich vor allem von Schnecken, die er im Flachwasser aufsammelt.

Mangrovenäste bieten ideale Rastplätze für die großen fruchtfressenden *Flughunde*.

Ein *Königstiger* verfolgt einen großen Axishirsch. Die Sundarbans bilden eines der Rückzugsgebiete des Tigers.

Winkerkrabben leben auf dem Schlamm. Die Männchen nutzen ihre vergrößerte Schere, um Rivalen zu verscheuchen und Weibchen anzulocken.

Schlammspringer sind Fische, verbringen aber die meiste Zeit außerhalb des Wassers. Ein Wasservorrat ermöglicht ihnen das Atmen.

Der *Helle Tigerpython* – eine der größten Schlangen der Welt – zieht sich bei steigendem Wasser auf einen Baum zurück.

Rhesusaffen leben in den Baumkronen und fressen Früchte, Nüsse und Knospen. Wenn nötig, können sie den nächsten Baum schwimmend erreichen.

MANGROVEN

Sundarbans, Golf von Bengalen

Überall in den Tropen wachsen an geschützten Gezeitenküsten Mangrovenwälder. Mangroven können im Salzwasser leben und dank ihrer speziellen Wurzeln, die bei Ebbe Luft aufnehmen, im sauerstoffarmen Schlamm wachsen. Die größten Mangrovenwälder sind die Sundarbans im Gangesdelta im Golf von Bengalen. Sie sind ein Zufluchtsort für verschiedene Tierarten, darunter den vom Aussterben bedrohten Königstiger.

Der *Ganges-Delfin* benutzt Echoortung, um Fische und andere Beute im trüben Wasser zu finden.

Ein *Weißbauch-Seeadler* fliegt über das Wasser, um mit seinen Klauen einen Fisch zu erbeuten.

Die *Fischkatze* macht ihrem Namen alle Ehre. Sie kann sogar tauchen und wie ein Otter Fische im Wasser jagen.

Der *Schützenfisch* schießt mit Wasserstrahlen Insekten ab, die auf den Mangrovenwurzeln sitzen, sodass sie ins Wasser fallen.

1 Familiengruppen *Afrikanischer Waldelefanten* sammeln unter den Bäumen Blätter, Früchte und Borke. Erwachsene Bullen sind oft Einzelgänger.

2 Der *Kronenadler* ist stark genug, um einen Affen aus dem Baum zu reißen. Er ist einer der gefürchtetsten Jäger des Waldes.

TROPISCHER REGENWALD
Gabun, Zentralafrika

Tropische Regenwälder liegen am oder in der Nähe des Äquators und sind immer warm und feucht. Dadurch können die Pflanzen das ganze Jahr über wachsen, sodass die reichsten Landlebensräume der Erde entstehen. Die vielen Etagen des Walds beherbergen eine Vielfalt an Tieren. Im westlichen Zentralafrika gehören Waldelefanten, Leoparden, Gorillas, weitere Affen und ein bunter Chor von Vögeln zu ihnen.

12 In Gabun lebt auch der *Mandrill*, ein großer Affe. Die Männchen erkennt man an ihrem bunten Gesicht.

11 Die erst 1988 entdeckte *Sonnenschwanz-Meerkatze* lebt nur in den abgelegenen Wäldern Zentralgabuns.

10 Die im Falllaub gut getarnte *Gabun-Viper* lauert vorbeikommenden Tieren auf, die sie mit ihren riesigen Giftzähnen erbeutet.

9 Ein *Pinselohr-Schwein* wühlt mit seiner beweglichen Schnauze auf der Suche nach saftigen Wurzeln und kleinen Tieren im Boden.

3 Der *Mantelaffe* – ein blätterfressender Stummelaffe – verbringt sein Leben vor allem hoch über dem Boden in den Baumkronen.

4 Der überall in Afrika zu findende *Graupapagei* bevorzugt dichte Wälder, in denen er die Bäume nach Früchten, Nüssen und Kleintieren absucht.

5 Ein *Weißbauch-Schuppentier* erbeutet in den Bäumen mit seiner langen Zunge Ameisen und Termiten.

6 Der *Westliche Flachlandgorilla* verbringt viel Zeit auf dem Boden und frisst Blätter und Früchte.

8 Der *Leopard* könnte eine Gefahr für den Bongo darstellen, doch er bevorzugt meistens kleinere, leichter zu jagende Tiere.

7 Der *Bongo* ist eine große Waldantilope, die zerstörte Waldgebiete aufsucht, wo sie die nachwachsenden Blätter und neuen Triebe fressen kann.

Der dicke *Baobab-Baum* kann in der Regenzeit bis zu 120 000 l Wasser aufnehmen und in seinem dicken Stamm speichern.

Der *Gepard* kann in wenigen Sekunden 90 km/h erreichen, wenn er eine Gazelle in der Savanne jagt.

TROPISCHES GRASLAND

Serengeti, Ostafrika

Weite Bereiche der Tropen haben lange Trockenzeiten, die das Wachsen von Wäldern verhindern. Stattdessen sind Grasmeere entstanden, in denen verstreut Bäume stehen. Diese sind an eine trockene Umgebung angepasst. In Afrika leben in diesen Savannen riesige Herden von flinken Antilopen und Zebras, die von mächtigen Raubtieren wie Geparden, Löwen, Leoparden und Tüpfelhyänen gejagt werden.

Ein Rudel *Löwen* ruht auf einem Felsen, nachdem die Weibchen Stunden zuvor erfolgreich gejagt haben.

Die *Gabelracke* beobachtet den Boden genau, um ein Insekt oder eine kleine Eidechse zu erbeuten.

Mistkäfer sammeln den von grasenden Herden hinterlassenen Kot und vergraben ihn. Später füttern sie ihre Larven damit.

Der über 6 m lange *Felsenpython* kann eine Antilope erdrücken und sie im Ganzen verschlingen – mit Hörnern und Hufen.

Der bis zu 6 m hohe Bulle der *Massai-Giraffe* wird von keinem anderen Tier überragt. Er erreicht auch die Wipfel der Akazien.

Wenn die Nahrung in der Trockenzeit knapp wird, entwurzelt der *Afrikanische Steppenelefant* Bäume, um an ihre Blätter zu kommen.

Das *Gnu* – eine Antilopenart – weidet das kurze Steppengras der Zebras ab, die längeres Gras bevorzugen.

Die kleinen *Thomson-Gazellen* fressen das Gras, das sogar den Gnu-Herden zu kurz ist.

Die gestreiften *Steppenzebras* trinken am Wasserloch, doch unter der Wasseroberfläche lauern Nilkrokodile auf die durstigen Tiere.

Der langbeinige *Sekretär* jagt auf dem Boden nach Insekten und Mäusen, hat aber auch keine Angst vor Giftschlangen.

1 Der *Schneckenweih* fischt vor allem Apfelschnecken aus dem Wasser und zieht sie mit seinem Hakenschnabel aus dem Gehäuse.

2 Die zwischen den Gewässern stehenden Bäume locken *Hyazinth-Aras* an – sie gehören zu den größten Papageien der Welt.

FEUCHTGEBIET

Pantanal, Südamerika

Feuchtgebiete gibt es dort, wo die natürliche Entwässerung schlecht ist oder Flüsse in die Landschaft übertreten. Das Pantanal ist das größte tropische Feuchtgebiet der Welt. Seine Tümpel und Sümpfe erstrecken sich über 150 000 km². Es ist eine Region mit üppiger Vegetation und einer Vielzahl von Insekten, die Nahrung für die unterschiedlichsten Tiere sind.

12 Im Pantanal lebt der *Jaguar*, der auf der Jagd auch gern das Wasser aufsucht.

11 Der *Grün-Ibis* ist einer von vielen Wasservögeln der Feuchtgebiete, wie auch Reiher, Störche und Eisvögel.

10 Familiengruppen des *Riesenotters* jagen Fische unter den Schwimmblättern der Amazonas-Riesenseerose. Die Otter können 1,8 m lang werden.

9 Die *Rosalöffler* schwingen ihre Schnäbel beim langsamen Waten hin und her, um kleine Tiere aus dem Wasser zu filtern.

3 Die lauten Rufe des *Schwarzen Brüllaffens* schallen über die Feuchtgebiete. Nur die Männchen sind schwarz, doch beide Geschlechter brüllen.

4 *Wasserschweine* waten in Gruppen durch das seichte Wasser und ernähren sich von Wasserpflanzen. Sie sind die größten Nagetiere der Welt.

5 Der *Ozelot* ist ein sehr guter Kletterer, der kleine Beutetiere im Geäst verfolgt.

6 Bis zu zehn Millionen der räuberischen *Brillenkaimane* leben im Pantanal.

8 Die erstaunlich langen Zehen des *Rotstirn-Jassana* verteilen sein Gewicht, sodass er auf den Schwimmblättern nicht einsinkt.

7 *Fischadler* verbringen den nördlichen Winter im Pantanal. Sie stürzen sich ins Wasser und erbeuten Fische.

Ein *Rotschwanzbussard* beobachtet seine Beute, stürzt sich auf sie und packt sie mit seinen Klauen.

Der *Puma* ist ein Lauerjäger, der sich zwischen Felsen und Büschen versteckt und seine Beute überfällt.

WÜSTE

Sonora-Wüste, Nordamerika

In Wüsten regnet es nur sehr wenig, aber die Sonora-Wüste bekommt mehr Regen ab als die meisten anderen. Meistens wachsen nur Kakteen, Dornensträucher und kleine Bäume auf dem trockenen Sandboden. Doch hin und wieder erweckt ein Regenschauer Samen zum Leben, die jahrelang geruht haben. Plötzlich steht die Wüste in voller Blüte, denn die kurzlebigen Pflanzen wachsen und blühen alle auf einmal. In der Kühle des frühen Morgens sind auch viele Tiere in der Wüste unterwegs.

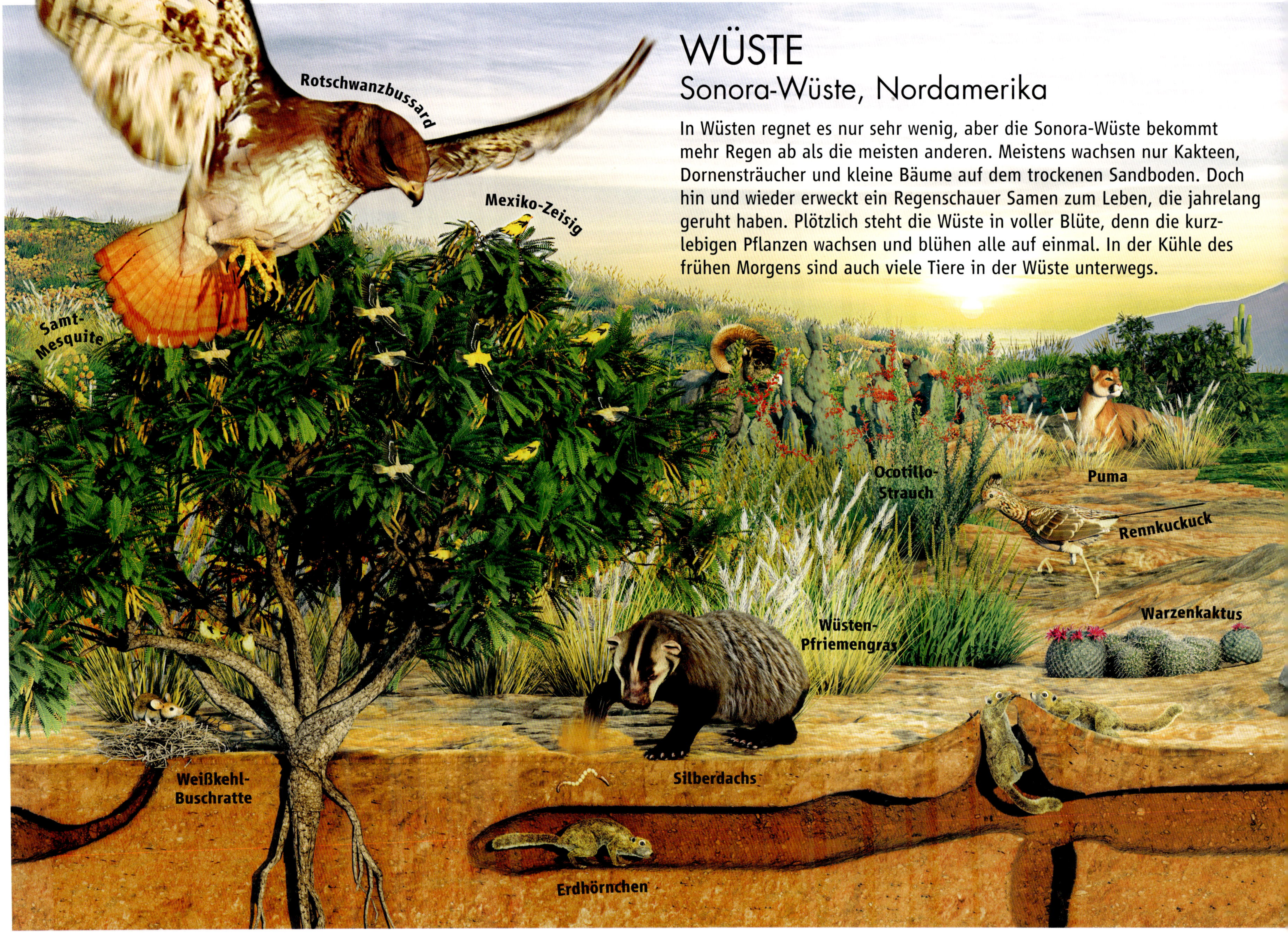

Die dornige *Samt-Mesquite* kann mit ihren Wurzeln das Wasser tief im Boden erreichen.

Der *Silberdachs* gräbt im Boden nach Beute, wird aber bald in seinen Bau zurückkehren, um den Tag zu verschlafen.

Erdhörnchen graben Baue in den Sand, in denen sie sich vor der Tageshitze verstecken. Sie kommen heraus und suchen Futter, wenn es kühl ist.

Der flinke *Rennkuckuck* fliegt nur selten. Er läuft sehr schnell über den Boden und jagt kleine Beutetiere.

Das mit dem Waschbären verwandte *Katzenfrett* klettert hervorragend. Die nachtaktiven Tiere schlafen tagsüber in Baumhöhlen.

Die *Veilchenkopf-Elfe* trinkt den Nektar einer Kaktusblüte. Die kräftig riechenden Blüten öffnen sich nachts und blühen nur einen Tag lang.

Der Stamm des *Saguaro-Kaktus* schwillt an, wenn seine Wurzeln nach dem Regen Wasser aufgenommen haben.

Die *Krötenechse* sonnt sich am Morgen. Wenn sie sich aufgewärmt hat, jagt sie nach Insekten.

Die angriffsbereite *Texas-Klapperschlange* droht und zeigt ihre Giftzähne. Hat sie ihre Beute getötet, verschlingt sie sie am Stück.

Die *Gopherschildkröte* gräbt mit ihren schaufelförmigen Vorderfüßen Baue, in denen sie vor der extremen Hitze geschützt ist.

Der von seinen starken Füßen angetriebene *Zwergtaucher* jagt kleine Tiere unter Wasser und verschlingt sie am Stück.

Ein *Graureiher* stolziert durch das seichte Wasser und sucht nach einem Fisch, den er mit seinem langen Schnabel aufspießen kann.

SÜSSGEWÄSSER

Mecklenburgische Seenplatte, Deutschland

Flüsse und Seen gibt es weltweit in fast jeder Landschaft. Sie bieten ideale Bedingungen für Wasserpflanzen, die vielen Fischen und Wasservögeln wie den Schwänen als Nahrung dienen. Im Frühling schwirren Eintagsfliegen und Libellen über dem Wasser, die den Großteil ihres Lebens als Larven unter Wasser verbracht haben.

Frisch geschlüpfte *Eintagsfliegen* tanzen ein paar Stunden über dem Wasser, paaren sich und sterben.

Die *Wasserspinne* lebt ständig unter Wasser. Sie atmet aus einer mit ihrem Netz eingefangenen Luftblase.

Der in den Wasserpflanzen verborgene *Hecht* wartet auf Fische, die sich in die Reichweite seiner spitzen Zähne wagen.

Der schlanke *Fischotter* verfolgt die Fische unter Wasser, kehrt zum Fressen jedoch ans Ufer zurück. Otter leben nur in sauberem Wasser.

Die *Ringelnatter* schwimmt hervorragend. Sie sucht oft im Wasser nach Nahrung – vor allem nach Fröschen, ihrer Lieblingsspeise.

Männliche *Große Königslibellen* streiten sich mit ihren Rivalen und halten nach Weibchen Ausschau. Sie fangen andere Insekten im Flug.

Schermäuse fressen saftige Uferpflanzen und graben ihre Baue in das Ufer.

Der *Eisvogel* stürzt sich von einem Ast ins Wasser, um einen Fisch zu fangen.

Der männliche *Dreistachlige Stichling* baut ein Nest auf dem Grund und lädt mehrere Weibchen ein, ihre Eier hier abzulaichen.

Der *Europäische Aal* lebt viele Jahre lang in Flüssen und Seen, bevor er den Atlantik aufsucht, um dort zu laichen.

1 Die von seinen Beinen aufgespannte Haut erlaubt dem *Federschwanz-Gleitbeutler*, auf der Suche nach Nektar und Insekten von Baum zu Baum zu segeln.

2 Die zu den wenigen nachtaktiven Vögeln zählende *Argus-Nachtschwalbe* erbeutet Nachtfalter und andere Insekten im Flug.

12 Gruppen des *Westlichen Grauen Riesenkängurus* fressen meist nachts verschiedene Gräser und Blätter.

11 Der *Dünnschwanz-Schlafbeutler* ernährt sich fast nur von zuckerhaltigem Blütennektar und Pollen.

10 Der *Kaktusgecko* ist – ungewöhnlich für eine Echse – vor allem nachts aktiv. Auf dem Boden sucht er nach Insekten, Spinnen und Kleintieren.

9 Der Ameisen fressende *Kurzschnabel-Ameisenigel* ist eins der wenigen eierlegenden Säugetiere. Bei Bedrohung rollt er sich zusammen.

3 Der flugunfähige *Emu* frisst Gräser, Samen und Insekten. Meist ist er in Paaren unterwegs und legt auf der Nahrungssuche lange Strecken zurück.

4 *Türkis-Staffelschwänze* nisten in Dornbüschen. Die Jungen aus früheren Bruten helfen dem Weibchen und dem leuchtend blauen Männchen bei der Brutpflege.

TROCKENBUSCHLAND

Mallee in Victoria, Australien

Regionen mit geringen Niederschlägen und heißen Sommern werden oft von holzigen Pflanzen mit zähen, ledrigen Blättern besiedelt. Dazu gehören der Wüsten-Beifuß des kalifornischen Chaparral, die Kräuter der mediterranen Garrigue sowie der Eukalyptus und die kleinen Bäume der Mallee. Hier sind viele Säugetiere nur nachts unterwegs, während Vögel und Reptilien meist tagsüber aktiv sind.

5 Am Tag verzehrt der *Purpurzügel-Honigfresser* Nektar von den Blüten der Zylinderputzer und anderer Sträucher.

6 Der *Goulds Waran* ist eine große Echse, die alle Tiere frisst, die kleiner als sie selbst sind.

8 *Thermometerhühner* bedecken ihre Eier mit warmem oder kaltem Sand und steuern so die Temperatur, um sie auszubrüten.

7 Bei Gefahr versucht der *Östliche Blauzungenskink*, seine Feinde durch Zischen und das Zeigen seiner blauen Zunge zu verscheuchen.

Eine kleine Herde des *Nordanden-Hirsches* frisst die Blätter der niedrigen Büsche, die auf den steilen Hängen wachsen.

Die *James-Flamingos* filtern im seichten Wasser des Sees mit ihren speziellen Schnäbeln Algen und Kleinkrebse aus dem Wasser, die ihnen ihre rosa Farbe verleihen

Das Blut der *Andengans* kann sehr viel Sauerstoff aufnehmen, sodass sie in der dünnen Luft fliegen kann.

Das *Vikunja* ist an ein Leben an den höchsten Hängen angepasst. Es ist die Wildform des Alpakas.

Der *Andenschakal* frisst fast alles, was er fangen kann. Dieser hier jagt ein *Viscacha* – einen kaninchenähnlichen Verwandten des Chinchilla.

Ein *Kleines Borstengürteltier* gräbt im staubigen Boden nach Samen, Wurzeln, Insekten und kleinen wühlenden Tieren.

Ein *Andenkondor* – der größte aller Geier – segelt mit ausgebreiteten Flügeln in einem Aufwind und hält nach etwas Fressbarem Ausschau.

Eine Gruppe von *Guanakos* grast im feuchten Gebiet in der Nähe des Sees. Das Guanako ist der wilde Vorfahre des zum Haustier gewordenen Lamas.

GEBIRGE

Bolivianische Anden, Südamerika

Je höher man sich über dem Meeresspiegel befindet, desto kälter ist es. Daher herrscht auf den Gipfeln von Gebirgen wie den Anden ein nahezu polares Klima mit schneebedeckten Gipfeln – sogar am Äquator. Darunter ähnelt die Landschaft der arktischen Tundra, mit Gräsern und verkrümmten Bäumen, die zwischen den Felsen wachsen. Die Tiere müssen starke Winde, klirrende Kälte und dünne Luft ertragen, sind aber gut daran angepasst.

Der straußenähnliche *Darwin-Nandu* lebt in kleinen Gruppen und ernährt sich von Pflanzen und Kleintieren.

Ungewöhnlich für einen Specht, lebt der *Südanden-Specht* auf dem Boden an Hängen mit wenigen Bäumen.

Die nur in großen Höhen lebende, stark gefährdete *Andenkatze* jagt vor allem kleine Vögel und Tiere wie die Viscachas.

Der für sein dichtes Fell bekannte *Chinchilla* ist gegen Kälte gut isoliert. Tagsüber versteckt er sich in einem Bau oder einer Felsspalte.

Große Herden der vom Aussterben bedrohten *Saiga-Antilope* zogen einst über die Steppe. Ihre speziellen Nasen können den Staub aus der Luft filtern.

Die Grassteppe ist die Heimat des schwersten flugfähigen Vogels, der *Großtrappe.* Im Frühjahr führt das Männchen spektakuläre Balztänze auf.

GEMÄSSIGTES GRASLAND

Kasachische Steppe, Zentralasien

Regionen der Welt, die keine Wüsten sind, aber zu trocken, um Wälder zu tragen, entwickeln sich zu Grasland. Viele von ihnen liegen in gemäßigten Zonen mit warmen Sommern und kalten Wintern, etwa die amerikanischen Prärien und Pampas sowie die eurasischen Steppen. Die hier lebenden Tiere sind an offene Landschaften angepasst, in denen Wasser oft knapp ist und sie sich nur unter der Erde verstecken können.

Die *Steppen-Blindmaus* kommt kurz an die Oberfläche, bevor sie wieder im Dunkeln verschwindet.

Der schlanke Körper ermöglicht dem *Tiger-Iltis*, kleine Tiere in ihren Bauen, aber auch im Grasland zu verfolgen.

Die brütenden Hähne des *Steppen-Flughuhns* tränken ihr Brustgefieder an einer Wasserquelle mit Wasser und bringen es zu ihren durstigen Jungen.

Die *Vierzehen-Schildkröte* hält eine unterirdische Winterstarre und legt im Frühjahr ihre Eier ab.

Die eleganten *Jungfernkraniche* nisten im Sommer in der Steppe, ziehen dann aber nach Süden über den Himalaja, um dem Winter zu entkommen.

Das schon fast ausgestorbene *Przewalski-Pferd* ist in den 1990er-Jahren wieder eingebürgert worden und lebt heute wieder frei in Herden.

Die niedrig fliegende *Steppenweihe* segelt langsam auf der Suche nach Beute über das Grasland.

Bunte *Bienenfresser* verfolgen kleine Insekten, die sie nach kurzer Jagd im Flug erbeuten.

Die *Wiesenotter* hat einen guten Geruchssinn. Sie verfolgt kleine Tiere, lähmt sie mit einem Giftbiss und verschlingt sie.

Wie die meisten kleinen Säugetiere des Graslands, kann das *Steppen-Murmeltier* vor seinen Feinden in ein Netzwerk unterirdischer Baue fliehen.

1 Viele der Eichen werden vom *Eichelhäher* gesät: Er sammelt die Eicheln als Wintervorrat, vergräbt sie im Boden und vergisst sie.

2 Der Białowieża-Urwald ist bekannt für seine *Wisente*, die vor dem Aussterben gerettet und in den 1950er-Jahren hier wieder ausgewildert worden sind.

12 *Rotkehlchen* folgen den Schweinen, um die aufgewühlten Würmer und Larven zu erbeuten.

11 *Wildschweine* durchpflügen die Erde auf der Suche nach Nüssen, Pilzen und kleinen Tieren.

10 Die *Kreuzotter* ist aus ihrer Winterstarre erwacht. Nun genießt sie die Frühlingssonne und sucht nach einem Partner.

9 Der *Waldlaubsänger* ist einer der vielen Vögel, die im Frühjahr aus Afrika kommen, um im Wald zu nisten und die Jungen mit Insekten zu füttern.

3 *Waldkäuze* ruhen tagsüber in den Bäumen und jagen nachts kleine Insekten. Jeder Kauz hat mehrere Ansitze in seinem Revier.

4 Die kurzen, abgerundeten Flügel des *Sperbers* ermöglichen es ihm, zwischen den Ästen hindurchzufliegen, um kleine Vögel zu erbeuten.

SOMMERGRÜNER LAUBWALD

Białowieża-Urwald, Polen

In gemäßigten Regionen wie Nordeuropa widerstehen viele Pflanzen dem Winterfrost, indem sie bis zum Frühjahr eine Ruhephase einlegen. Krautige Pflanzen mit weichen Stängeln sterben bis zum Boden ab, und laubabwerfende Bäume wie Eichen verlieren ihre Blätter. Wenn die Temperaturen im Frühjahr steigen, erwachen die Pflanzen zu neuem Leben und bilden neue, zarte Blüten und Blätter aus, die ein Festmahl für die Insekten darstellen. Diese ziehen wiederum Zugvögel an, die den Wald mit ihrem Gesang erfüllen.

5 Ein *Eurasischer Luchs* verfolgt ein Paar unvorsichtiger Rehe, die seine liebste Beute sind.

6 *Rothirsche* grasen meist in offenen Gebieten, wo ihnen jedoch oft Wölfe auflauern.

8 Weibliche *Kuckucke* legen ihre Eier in die Nester kleiner Singvögel, die den jungen Kuckuck aufziehen, als sei er ihr eigenes Küken.

7 Der flinke *Baummarder* verfolgt Eichhörnchen in den Bäumen, wobei er oft in großer Höhe von Ast zu Ast springt.

Der *Nordamerikanische Baumstachler* frisst in den Baumkronen Blätter, Beeren und Borke. Seine Stacheln schützen ihn vor Fressfeinden.

Der mit dem Vielfraß und den Echten Mardern verwandte *Fischermarder* ist eins der wenigen Raubtiere, die es mit einem Baumstachler aufnehmen können.

BOREALER NADELWALD

Zentralkanada

Die Borealen Nadelwälder des hohen Nordens, die sogenannte Taiga, erstrecken sich rund um die Arktis bis zur Tundra. Hier herrschen lange, kalte, schneereiche Winter und kurze Sommer, die immergrüne Bäume mit frostsicheren, nadelartigen Blättern begünstigen. Das Klima führt dazu, dass der Boden feucht und sumpfig bleibt. In Kanada werden viele der entstehenden Bäche von Bibern gestaut.

Der mächtige *Grizzlybär* lebt im Herbst von Beeren und Nüssen, bevor er den Winterschlaf antritt.

Das im Winter weiße *Moorschneehuhn* tarnt sich im Sommer mit einem braunen Gefieder.

Der *Weißkopf-Seeadler* ist ein Experte darin, Fische aus dem Wasser zu ergreifen, doch auch andere lebende oder tote Tiere zählen zu seiner Beute.

Kanadische Biber fällen mit ihren Zähnen Bäume. So stauen sie Bäche auf, aus denen Teiche entstehen, die ihre Biberburg schützen.

Der *Habicht* ist darauf spezialisiert, zwischen den Bäumen hin und her zu fliegen und Eichhörnchen, Streifenhörnchen und Hasen zu erbeuten.

Sein unglaublich scharfes Gehör ermöglicht dem *Bartkauz*, Mäuse und Wühlmäuse im fast vollständigen Dunkel oder unter dem Schnee zu finden.

Seine Schnabelspitzen ermöglichen dem *Fichten-Kreuzschnabel* das Herausziehen der Samen aus Fichtenzapfen.

Amerikanische Schwarzbären sind gute Kletterer und flüchten oft vor den Grizzlybären auf Bäume.

Im Herbst kämpfen die Bullen der *Elche* unter Einsatz ihrer Geweihe um die Weibchen. Elche sind die größten heute lebenden Hirsche.

Der überall in der Arktis vorkommende *Vielfraß* ist ein großer, kräftiger Marder, der auf dem Boden jagt, aber auch Aas frisst.

Das *Ren* – in Kanada Karibu genannt – frisst Pflanzen, die der schmelzende Schnee freigibt. Die meisten Männchen haben ihr Geweih bereits abgeworfen.

Der auf das Leben in der Arktis spezialisierte *Gerfalke* ist ein größerer Verwandter des Wanderfalkens, der Vögel und kleine Säugetiere erbeutet.

TUNDRA

Westgrönland

Die polaren Eisschilde sind von der Tundra umgeben – eine Landschaft, die im Winter gefroren ist, aber im Frühjahr wieder auftaut. Wenn der Schnee schmilzt, blühen die arktischen Pflanzen auf. In der Luft schwirren viele Insekten, und zu den Tieren, die den Winter überlebt haben, gesellen sich Vögel, die nach Norden fliegen, um zu nisten und sich von den schwärmenden Insekten zu ernähren.

Lemminge sind die Lieblingsbeute des *Polarfuchses*, der im Sommer seinen dichten Winterpelz verliert.

Der *Nördliche Halsbandlemming* lebt im Winter geschützt vor den eisigen Winden unter dem Schnee.

Polarhasen knabbern an Tundrapflanzen wie Gegenblättrigem und Fetthennen-Steinbrech, während sie nach Wölfen und Füchsen Ausschau halten.

Ein *Hermelin* (noch im Winterfell) überrascht einen Sand-Regenpfeifer. Es wird bald sein braun-weißes Sommerfell tragen.

 Rudel von *Polarwölfen* suchen in der Tundra nach Beute. Sie versuchen, die Moschusochsen auseinanderzutreiben und ein Kalb zu erbeuten.

 Wenn die arktischen Nächte kürzer werden, jagen die *Schnee-Eulen* auch tagsüber, vor allem Lemminge, die sie im Ganzen verschlingen.

 Die ganzjährig in der Tundra lebenden *Moschusochsen* sind schwere Verwandte der Schafe und Ziegen.

 Ein hungriger *Rabe* pickt an den Knochen eines Tiers, das den arktischen Winter nicht überlebt hat.

 Schwärme der *Blässgänse* kommen aus ihren Winterquartieren in Schottland und Irland, um in der blühenden Tundra zu brüten.

 Das Ufer eines Sees ist ein guter Nistplatz für den *Eistaucher*, der so sehr auf das Schwimmen spezialisiert ist, dass er kaum laufen kann.

Der gewaltige *Grönlandwal* pflügt mit offenem Maul durch das Plankton und filtert die winzigen Lebewesen aus dem eisigen Wasser.

Das große Stoßzähne tragende *Walross* taucht in flachen Küstengewässern auf den Meeresgrund, um Muscheln und andere Tiere zu erbeuten.

POLARMEER

Beaufort-See, Nordkanada

Die den ganzen Winter über gefrorene Beaufort-See scheint lebensfeindlich zu sein. Doch das Wasser ist reich an Mineralien, die für das Pflanzenwachstum wichtig sind. Wenn das Eis im Frühjahr zu schmelzen beginnt, verursacht das Sonnenlicht eine Planktonblüte, die Schwärme von winzigen Tieren ernährt. Diese werden von Fischen gefressen, die wiederum Seevögeln, Robben, Walen und Eisbären als Nahrung dienen.

Die weiße Haut des *Weißwals* tarnt ihn zwischen dem Meereis, sodass er von umherwandernden Eisbären und jagenden Schwertwalrudeln nicht so leicht bemerkt wird.

Die *Largha-Robbe* jagt Fische wie den Polardorsch und den Pazifischen Hering unter den im offenen Wasser treibenden Eisschollen.

Der wegen seiner Langsamkeit als *Pazifischer Schlafhai* bezeichnete Knorpelfisch saugt Fische, Kalmare und Kraken in sein großes Maul.

Wie viele andere arktische Vögel ist das *Odinshühnchen* ein Sommergast. Bei dieser Art sind die Weibchen bunter als die Männchen.

Eisbären wandern auf der Suche nach Beute über das Meereis. Oft lauern sie Robben auf, die in Eislöchern auftauchen, um zu atmen.

Weibliche *Ringelrobben* bekommen ihre Jungen in Schneehöhlen auf dem Eis. Doch die Eisbären können die Robben riechen und die Höhlen aufbrechen.

Die *Gelbe Haarqualle* treibt durch das Wasser und erbeutet mit ihren giftigen Tentakeln Fische, Garnelen und andere Beute.

Hundslachse leben hauptsächlich im Meer und erbeuten andere Fische. Nach fünf Jahren laichen sie in Flüssen und sterben danach.

JÄGER UND BEUTE

In jedem Lebensraum produzieren Pflanzen oder Algen Nahrung, die von Pflanzenfressern verzehrt wird. Sie nutzen einen großen Teil der enthaltenen Energie für ihre Aktivitäten. Nur ein Teil davon wird in Körpergewebe umgewandelt, das von Raubtieren gefressen werden kann. Dies begrenzt die Zahl der Raubtiere und erklärt, warum Spitzenprädatoren viel seltener sind als Pflanzenfresser, wie diese Energiepyramide am Beispiel der arktischen Tundra zeigt.

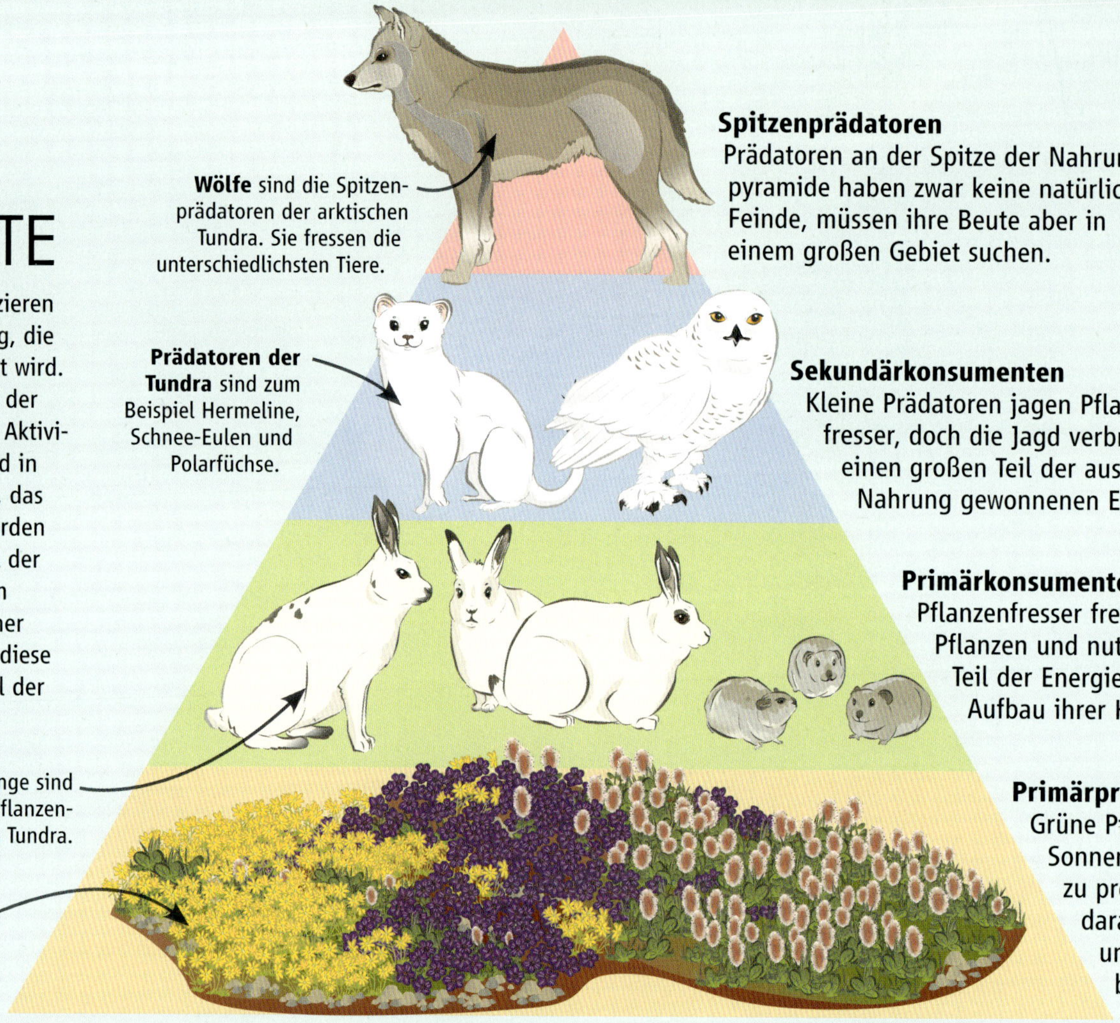

Wölfe sind die Spitzenprädatoren der arktischen Tundra. Sie fressen die unterschiedlichsten Tiere.

Prädatoren der Tundra sind zum Beispiel Hermeline, Schnee-Eulen und Polarfüchse.

Polarhasen und Lemminge sind die wichtigsten kleinen Pflanzenfresser der arktischen Tundra.

Niedrig wachsende Pflanzen wie Steinbrech gedeihen im Sommer in der arktischen Tundra.

Spitzenprädatoren
Prädatoren an der Spitze der Nahrungspyramide haben zwar keine natürlichen Feinde, müssen ihre Beute aber in einem großen Gebiet suchen.

Sekundärkonsumenten
Kleine Prädatoren jagen Pflanzenfresser, doch die Jagd verbraucht einen großen Teil der aus der Nahrung gewonnenen Energie.

Primärkonsumenten
Pflanzenfresser fressen Pflanzen und nutzen einen Teil der Energie für den Aufbau ihrer Körper.

Primärproduzenten
Grüne Pflanzen nutzen das Sonnenlicht, um Zucker zu produzieren und daraus ihre Stängel und Blätter aufzubauen.

NAHRUNGSNETZE

Einige Pflanzen und Tiere sind mit einer einfachen Nahrungskette verbunden. Samen werden von Mäusen gefressen, die wiederum Beute von Eulen werden. Aber die Verhältnisse sind komplexer, da jedes Tier mehr als eine Art von Nahrung zu sich nimmt. So entsteht eher ein Nahrungsnetz als eine einfache Kette, wie in diesem Beispiel aus den arktischen Meeren.

Zooplankton wie der Krill ernährt sich von mikroskopisch kleinen Algen, die als Phytoplankton im Wasser treiben.

Polardorsche fressen Zooplankton, kleinere Fische und andere Tiere.

Eisbären jagen Robben und ihre Jungen, fangen aber auch große Fische wie den Pazifischen Lachs. Kein Tier jagt den Eisbären.

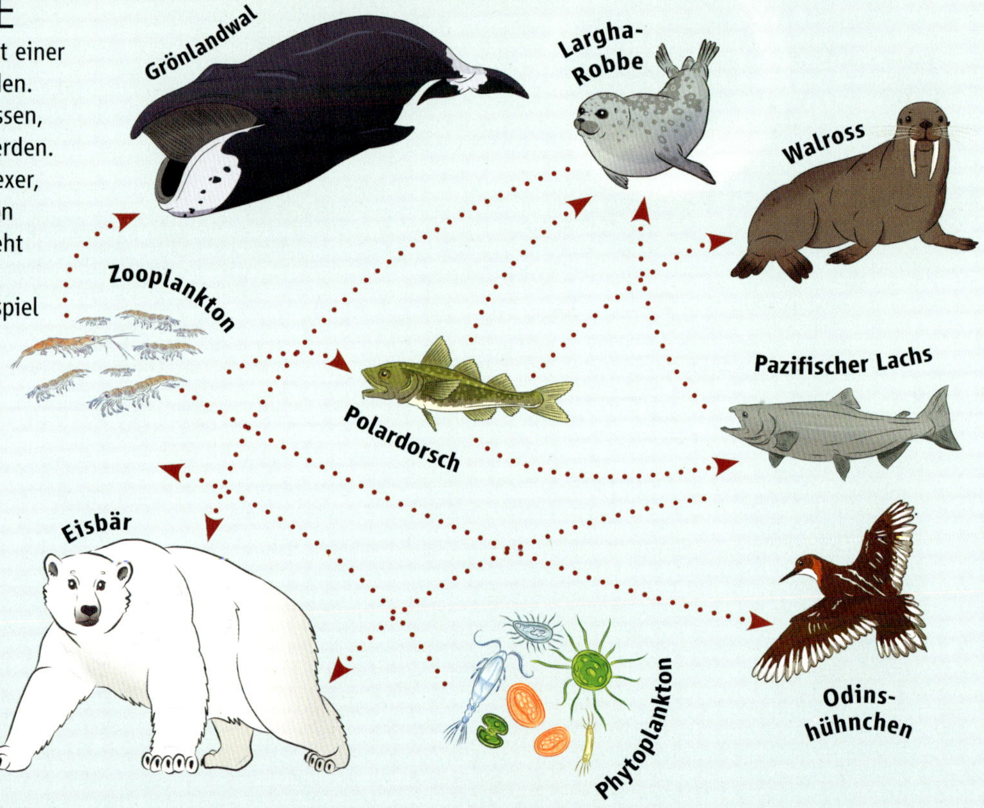

Grönlandwale filtrieren garnelenähnliches Zooplankton aus dem Wasser.

Largha-Robben jagen mittelgroße Fische wie den Polardorsch, fressen aber auch Krabben.

Das Walross frisst auf dem Grund lebende Muscheln und Krabben, aber auch Fische.

Pazifische Lachse erbeuten Arten wie den Polardorsch und andere kleinere Fische.

Odinshühnchen sind kleine Meeresvögel, die winziges Zooplankton fressen.

Register

DANK UND BILDNACHWEIS

Dorling Kindersley dankt für **zusätzliche Lektorats- und Herstellungsarbeiten** Carron Brown, Sheila Collins, Simon Mumford, Jenny Sich; **Bildbearbeitung** Steve Crozier und Stefan Podhorodecki; **Register** Elizabeth Wise; **Umsetzung** Rob Perry

Der Verlag dankt folgenden Personen und Organisationen für die freundliche Genehmigung zum Abdruck von Fotos:
Andrew Beckett (Illustration X) S. 8–13; **Peter Bull** S. 14–15; **Chris@KJA Artists** S. 6–7, 18-25; **Barry Croucher (The Art Agency)** S. 26–27, 30–31; **Stuart Jackson Carter** S. 16–17; **Sofian Moumene** S. 4–5, 28–29.
Cover: Vorn: Andrew Beckett (Illustration X). Hinten: Barry Croucher (The Art Agency).